Pe. Guillermo D. Micheletti

Celebrar o ano litúrgico

Tempo dos homens em Jesus Cristo

Editora
AVE-MARIA

© 2012 by Editora Ave-Maria. All rights reserved.
Rua Martim Francisco, 636 – 01226-000 – São Paulo, SP – Brasil
Tel.: (11) 3823-1060 • Fax: (11) 3660-7959
Televendas: 0800 7730 456
editorial@avemaria.com.br • comercial@avemaria.com.br
www.avemaria.com.br

ISBN: 978-85-276-1407-8

Ilustração: Rui Cardoso Joazeiro
Capa: Bruno Dias

**Dados Internacionais de Catalogação na Publicação (CIP)
Angélica Ilacqua CRB-8/7057**

Micheletti, Guillermo D.
Celebrar o ano litúrgico: tempo dos homens em Jesus Cristo / Guillermo D. Micheletti. – São Paulo: Editora Ave-Maria, 2012. 40 p.

ISBN: 978-85-276-1407-8

1. Ano litúrgico 2. Celebrações Litúrgicas I. Título

CDD 242.2

Índice para catálogo sistemático:
1. Ano litúrgico   242.2

Diretor Geral: Marcos Antônio Mendes, CMF
Diretor Editorial: Luís Erlin Gomes Gordo, CMF
Gerente Editorial: J. Augusto Nascimento
Editor Assistente: Valdeci Toledo
Preparação e Revisão: Renato Ferreira Bento e Ligia Terezinha Pezzuto
Diagramação: Ponto Inicial Design Gráfico e Editorial
Produção Gráfica: Carlos Eduardo P. de Sousa
Impressão e acabamento: Gráfica Ave-Maria

A Editora Ave-Maria faz parte do Grupo de Editores Claretianos (Claret Publishing Group).
CLARET Bangalore • Barcelona • Buenos Aires • Chennai •
PUBLISHING GROUP Macau • Madri • Manila • São Paulo

Sumário

Introdução 5

A teologia e a formação do ano litúrgico 11

Estrutura geral do ano litúrgico 17

O Domingo, "a festa primordial": dia em que a comunidade celebra o memorial pascal de Jesus Cristo 23

O que significa ano litúrgico para nós; a que nos serve (espiritualidade) 27

Algumas propostas catequéticas para entrar no espírito do ano litúrgico 33

Bibliografia de referência 37

Introdução

No descortinar do tempo, quando lançamos um curioso olhar à experiência humana, percebemos que inexoravelmente a vida dos homens e mulheres do planeta escorrega no tempo cronológico: ao compasso do harmonioso *tique-taque* do relógio, o tempo passa... 60 minutos em cada hora, 24 horas em cada dia, 365 dias em cada ano.

Mas, para os cristãos, o tempo que acompanha a vida dos humanos diz muito mais ainda. Embriagados da Palavra de Deus, percebem que o tempo revela Alguém que age para beneficiá-los; que transforma o simples *chronos* (tempo dos homens) em *kairós* (tempo de Deus), transfiguração do tempo dos homens em tempo de graça e salvação. Nisso há uma recôndita verdade: o tempo é consagrado pela Páscoa do Senhor; em Jesus Ressuscitado, seu Pai renovou toda a criação. Afirmamos com insistência: o tempo, para os cristãos é sagrado e consagrado em Cristo, morto e ressuscitado (cf. 1João 1,1-3). O tempo foi assim denominado de *kairológico*, isto é, tempo que inaugura a irrupção na história humana do "tempo favorável" de Deus em Cristo; relação entre o mundo presente e o seu destino aos olhos de Deus, isto é, a salvação[1]. Noutras palavras, "o tempo (para os cristãos) não é algo que passa, é *Alguém* que vem, Jesus Cristo, o Senhor" (Dom Estanislao Karlik).

Insistir é importante: para os cristãos é preciso "descartar", "jogar no lixo" a concepção do tempo histórico concebido como *chronos*, como processo linear, no qual os fins que se perseguem se encontram no fim do processo, no fim dos tempos.

Mais ainda, hoje apenas procura-se veementemente a urgência do presente, do momentâneo, do agora; não interessam os ideais que forjam a esperança, nem o que acontecerá no além (se existe!) desta vida.

A noção correta da história, para os cristãos, é considerá-la como *kairós*, em que os fins perseguidos, se verdadeiros, precisam ir sendo *experimentados no caminho*, em experiências de plenitude em meio à precariedade do presente, em momentos de eternidade no tempo. Do contrário, não passa de alienação, de uma esperança vazia, de escapismo da história, de um horizonte sacrificial e enganador[2].

Em Cristo – repetimos – o valor do tempo é bem outro; nele é consagrado. Por isso, num olhar cristológico, aos poucos, o tempo, transformado/estruturado pelas primeiras

---

[1] A palavra *chronos* (do grego) significa tempo medido e é bastante abstrata. Ela não traduz a riqueza das duas palavras *et* e *zman* do hebraico para falar do tempo em que vivemos. A palavra grega *kairós* significa tempo oportuno, momento de graça, tempo favorável, tempo de Deus e se aproxima de *olam*, que significa século dos séculos, eternidade, sempre (cf. Judite Paula MAYER, *Tempo: agora e sempre...*, em *Revista de Liturgia* 227, São Paulo, setembro/outubro 2011, 22-23).

[2] Cf. Agenor BRIGHENTI, *A pastoral na vida da Igreja* – Palestra no Primeiro Congresso Brasileiro de Animação Bíblica da Pastoral (Goiânia – 8 a 11/10/2011).

comunidades cristãs em itinerário celebrativo, tomou a forma de Ano Litúrgico (AL). Nele se predispôs um espaço e um tempo "diferentes" diante da existência de cada dia. Pois, assim como a partir de Cristo ressuscitado o espaço volta para seu Pai, também o tempo lhe pertence; é espaço e tempo de recolhimento, modo diferente de habitar o presente. Essa alteridade permite conjugar passado, presente e futuro, céu e terra, fazendo-nos entrever que está se realizando a recapitulação de toda a realidade (a história) para Deus em Cristo, realidade do céu e da terra, temporal e eterna (cf. Efésios 1,8-10; Colossenses 1,15-20). Ao entrarmos no espaço e no tempo litúrgico em repetidas vezes, no arco da vida, percebemos que vamo-nos aproximando "definitivamente", entre luzes e sombras, acertos e erros, desafios e conquistas da Cidade do Deus Vivo, a Jerusalém celeste (cf. Hebreus 12,22-23).

Esse tempo *cristificado* (feito/consagrado por Cristo), acha seu apogeu (plena manifestação) no mistério Pascal. É em Cristo ressuscitado que a vida humana, navegando no tempo, é santificada; e, nela, a ação divina derrama seus dons, seus frutos, e o que ela essencialmente é: amor, ternura e comunhão.

Penetrando e caminhando na pedagogia do AL, os cristãos apreendem a arte e a dinâmica da celebração, para serem orientados *per visibilia ad invisibilia*[3]; isto é, para que, através das realidades visíveis (os sinais), os cristãos sejam conduzidos para as realidades invisíveis e interiores, compreendidas com os sentidos espirituais, à luz da fé. E aqui que se diga: os sinais celebrativos devem evidenciar essa "*epifania do mystérion*", isto é, mostrar/revelar que o Senhor Jesus é a fonte plena da vida. Como escreve sugestivamente

---

3 Cf. Santo Agostinho, *A Cidade de Deus*.

Máximo, o Confessor: "a contemplação das realidades celebradas com símbolos que, no mistério, não podemos apalpar, senão através das realidades visíveis, precisa da sensibilidade espiritual e do entendimento dos sinais sensíveis e visíveis que neles manifestam os mistérios invisíveis" (*Mistagogia* 2)[4]. Eis o enorme desafio de uma renovada e aprofundada catequese litúrgica.

O eixo fundamental do AL é Jesus Cristo, em cuja morte e ressurreição se realiza a síntese de toda a história da salvação. Ele é o centro, o sentido, o dinamismo interno e a meta final do AL. O mistério de Cristo é celebrado e vivido sacramentalmente como memória, presença e antecipação profética do pleroma (plenitude) da vida final, a glória dos ressuscitados, que a Igreja distribui celebrativamente em momentos específicos ao longo dos dias, estações e anos em que acontece a existência humana. O AL consiste precisamente na sucessão desses momentos em que se desenvolve o mistério salvífico de Jesus Cristo, encontrando seu ápice na Páscoa de sua ressurreição e na efusão do Espírito Vivificador.

Pode-se então oferecer uma ideia conceitual do AL de modo mais ou menos completo quando dizemos que: "O AL é o ano solar, *santificado pelo mistério pascal de Cristo* e estruturado para ser celebrado, mediante o ordenamento da liturgia cristã, *em diversos tempos e festas*; é o marco temporal no qual se desenvolve o único e fundamental conteúdo celebrativo da Igreja, que é o mistério de Cristo: sua vida, morte e ressurreição, ápice da história da salvação"[5].

---

4 Cf. Enzo BIANCHI, *Presbíteros. Palavra e Liturgia*, Paulus, São Paulo 2010, 83-84.
5 Cf. Guillermo ROSAS, *O Ano Litúrgico*, em CELAM, *Manual de Liturgia IV*, Paulus, São Paulo 2007, 16.

Colhendo o sentido dessa definição, pode-se dizer que o AL é uma realidade *teológica, litúrgica e catequética*, estruturada e organizada ao longo do tempo a partir das primeiras experiências celebrativas das comunidades cristãs, com o intuito de permanecer na eterna memória/presença do Cristo Crucificado/Ressuscitado.

A duração do AL coincide com a do ano civil (365 dias), mas não com o seu início: eles estão visivelmente *defasados*. Com efeito, o AL inicia-se com o primeiro Domingo do Advento, muito antes do 1º de janeiro, data oficial do início do ano civil (segundo o calendário civil ocidental), e se encerra com a Solenidade de Cristo, Rei do Universo, que acontece normalmente ao final do mês de novembro do calendário civil. Assim sendo, mesmo que apresente um desenvolvimento temporal, para os cristãos, o tempo "civil" transforma-se em "tempo santificado e consagrado a Deus" pelo mistério Pascal de Jesus Cristo, sempre compreendido e acolhido como tempo de alegria e esperança, de graça e salvação.

A TEOLOGIA E A FORMAÇÃO DO ANO LITÚRGICO

Para os cristãos, o tempo – e tudo o que vive e foi criado nele – pertence a Deus. Com efeito, no tempo acontece a aventura histórica da vida humana, sulcando, pelo barquinho planetário, as ondas espaciais. Pois a vida evolui e se desenvolve, vai se tornando celebração cultual, cultural e histórica. De modo que seja importante perceber que o cristianismo é uma cosmovisão *religiosa* histórica; sua liturgia também é histórica, num duplo sentido: celebra *a* história (faz memória) e é celebrada *na* história (reapresentação da memória).

Nos primeiros séculos de vida cristã, as comunidades não possuíam uma estrutura celebrativa "específica" a não ser aquela das celebrações dominicais, embora existam indícios de uma comemoração anual da Páscoa. Só a partir dos séculos VIII-IX é que se poderá falar de certa estruturação anual da liturgia. Para a formação dessa incipiente estrutura celebrativa, que dará origem e forma ao AL, contribuíram diversos fatores, como a capacidade festiva humana, a influência do ano litúrgico judaico e, sobretudo, a própria força do mistério Pascal do Senhor, que tendia a se manifestar por todos os meios possíveis na nascente cultura cristã. Isso sem esquecer as necessidades catequéticas e pastorais das comunidades que surgiriam com força avassaladora[6].

No documento conciliar sobre a Sagrada Liturgia [*Sacrosanctum Concilium*] todo o 5º capítulo é dedicado ao AL. Aí, como é sabido, se estabelece que o cerne de toda a reforma litúrgica consistiu em colocar no centro de todas as celebrações da Igreja o mistério Pascal do Senhor, celebrado ao longo do AL. Assim, o documento reafirma que a Santa Mãe Igreja tem o dever de celebrar a obra da salvação de seu divino Esposo com uma sagrada recordação, em dias determinados, ao longo do ano. Toda semana, no dia que chamou "do Senhor", comemora sua ressurreição, que uma vez ao ano celebra também, junto com sua santa paixão, na solenidade máxima da Páscoa (cf. SC 102-111).

No decorrer do ciclo anual do AL, desenvolve-se todo o mistério de Cristo: desde a Encarnação e o Natal até a Ascensão, Pentecostes e a expectativa da feliz esperança na vinda do Senhor. Ao comemorar, assim, os mistérios da Redenção, o AL abre-se às riquezas do poder santificador e dos méritos de seu Senhor, de modo que tornando-os presentes, de certo modo, durante todo o tempo, os fiéis alcançam e se enchem da graça da salvação (cf. SC 102; *Catecismo da Igreja Católica,* 1163).

---

6 Cf. Julián López MARTÍN, *Liturgia e Catequese*, em Dicionário de Catequética, Paulus, São Paulo 2004, 699.

O AL é o tempo litúrgico que emoldura a vida cristã. Liga o céu e a terra num único ritmo. Direciona o olhar em Jesus Cristo e ensina a elevá-lo por cima do rotineiro, do cotidiano, para introduzi-lo ao coração cósmico do Senhor. Percorrendo o AL, pessoal e comunitariamente, o discipulado cristão perfila-se em duas direções: a primeira, no presente da vida e, ao mesmo tempo, a segunda, para o mundo vindouro: escatológico (definitivo).

Ele também é chamado de "ano dos cristãos", porque ensina a caminhar com o único Mestre e Senhor, para aprender a moderar os exageros do ego e do individualismo para, lentamente, transformar os cristãos n'Aquele que os chama a ser homens e mulheres livres, cultivando aquela liberdade que dispõe o agir com determinação, em favor de escolhas saudáveis e qualificadas.

Em sua forma reiterativa, vamos a cada ano, na cadência temporal, amadurecendo nosso encontro – que um dia será definitivo – com Jesus. A cada periodo anual celebramos o mesmo ciclo e os mesmos tempos, no entanto, ano após ano, nós já não somos mais os mesmos: a igreja almeja que sejamos melhores, mais justos, mais sábios, mais autênticos, mais alegres, generosos e serviçais; cada vez mais necessitados de Deus e menos seguros de si mesmos. Assim, progressivamente, em *forma espiralada* (ver desenho a seguir), vamos indo e regressando às verdades básicas de nossa existência em Cristo, a saber, que o Pai amoroso existe para proteger-nos e amar-nos até o extremo; que somos a obra de suas mãos, e que Ele nos ama desde sempre com amor incomensurável. Que seu Espírito amoroso nos dá o conhecimento suficiente para experimentarmos o dom da humildade, que *nos coloca no lugar certo* no projeto cósmico criador; que Jesus Cristo é a única salvação que liberta para que nele sejamos qualificadamente muito mais humanos do que somos, a ponto de dizermos que quanto mais humanos formos, mais divinos estaremos nos tornando e, ainda, que o Espírito de Amor está em nós e somos eternamente amados pelo Deus-Amor, pelos "Três Amores em UM".

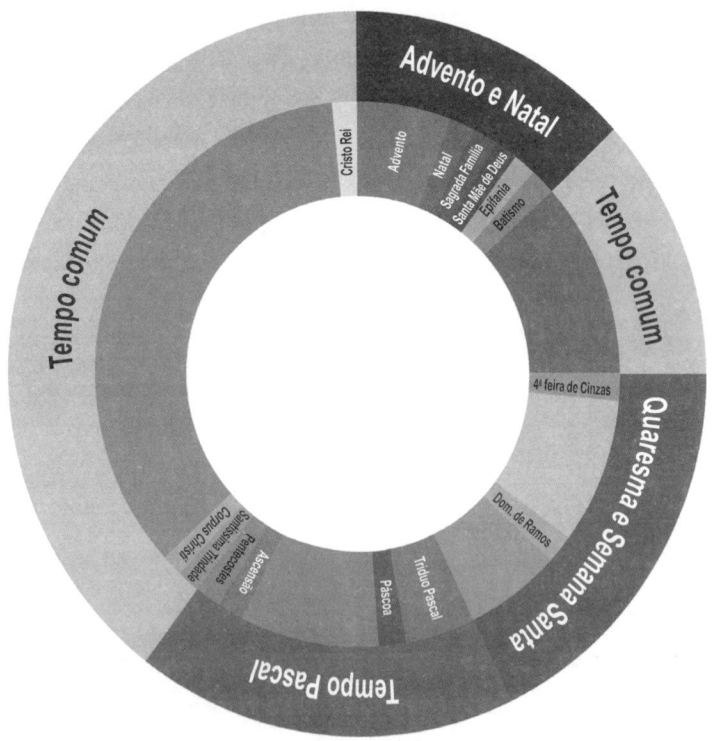

Existem algumas particularidades na estrutura do AL que aguçam nossa curiosidade na medida em que vamos conhecendo-o e celebrando-o. Como as festas do Natal do

Menino Jesus, do Ano Novo, da Sexta-feira Santa etc. Não poucas vezes, o espírito inquisidor ambiciona desvendar algumas questões como, por exemplo, saber quando foi exatamente o dia em que Jesus nasceu, qual é a data precisa da sexta-feira santa, e assim por diante.

Sinceramente, essas questões aparentam, à primeira vista, serem simples de responder, mas, na verdade, isso é bem mais difícil do que parece. No entanto, tudo isso nos leva a pesquisar – de certo modo – os caminhos por onde aconteceu a formação do AL, fazendo com que os cristãos o conservassem com tanto carinho e reverência. Devemos, sim, tentar responder às questões com atitudes adultas.

Primeiro, é preciso saber que antigamente, nos mais diferentes lugares, os mistérios da fé cristã eram celebrados com datas e tradições litúrgicas diferentes. Por que isso? Muito simples, não se aplicavam os mesmos parâmetros de contagem do tempo em todos os lugares. A forma de datar os eventos não foi homogênea[7]. Por exemplo, no tempo em que Jesus viveu na Palestina, utilizavam-se ao mesmo tempo quatro calendários: o calendário lunar/solar, da comunidade judaica[8]; o solar, dos gregos; o juliano[9] e o romano. Daí as dificuldades que se

---

7 O nosso calendário deve seu nome ao papa Gregório XIII. Ele propôs (em 1582), obedecendo aos conselhos de uma comissão de astrônomos, suprimir três anos bissextos de 400 em 400 anos e outras reformas complementares. O calendário daí resultante – com oportunas atualizações – é hoje de adoção praticamente mundial.

8 *O calendário judeu ou israelita* é, ao mesmo tempo, lunar e solar. Os meses são meses lunares, e o ano pode compreender 12 ou 13 meses. Cada ano pode ter entre 353 a 385 dias.

9 *O calendário Juliano* deve seu nome ao imperador Júlio César. Com a ajuda do astrônomo Sosígenes de Alexandria (sec. I a.C.), introduziu um ano médio de 365,25 dias, instituindo um ciclo de três anos de 365 dias, seguido de um ano de 366 dias, dito bissexto. As estações se deslocavam no tempo.

apresentam na hora de querer provar a data do Natal do Senhor. Certamente, aos cristãos não interessa precisar a data do seu nascimento[10], senão descobrir que riqueza divina nos oferece esse Menino nascido em Belém, o Filho (Palavra) de Deus que entrou em comunicação com a humanidade. De fato, a Igreja nunca se preocupou demasiadamente em esclarecer a data exata do nascimento de Jesus[11]. O centro e o núcleo da fé cristã, e consequentemente do AL, é a paixão, morte e gloriosa ressurreição de Jesus. Na verdade – afirmamos com força mais uma vez – *todo o AL gira em torno da Páscoa do Senhor Crucificado/Ressuscitado.*

---

10 Cf. Guillermo D. MICHELETTI, Como viver o *Advento e o Natal: a chegada de Jesus, dom de Deus*, Ave-Maria, São Paulo 2003.
11 Para nosso conhecimento: no tempo em que Jesus viveu, o modo de contar o dia divergia em cada cultura: o dia judeu começava e terminava com o pôr do sol; o grego, de um amanhecer até o outro; o romano contava o dia como nós, de uma meia noite até a outra, e assim por diante... (cf. Joan CHITTISTER, *El año litúrgico. La interminable aventura de la vida espiritual,* Sal Terrae, Santander 2010, 66-67).

ESTRUTURA GERAL DO ANO LITÚRGICO

De forma didática, apresentamos no final deste parágrafo um esquema gráfico de todo o AL, em dois quadros [1 e 2]. No primeiro, apresenta-se a dinâmica dos Tempos Litúrgicos ao longo das semanas. A linha vermelha representa, por assim dizer, "a intensidade" celebrativa do mistério pascal de Jesus em cada tempo. Para completar a exposição, colocamos o número das eventuais semanas em que vivenciaremos cada tempo (elas não são fixas). A seguir, no segundo quadro, expressamos, em poucas palavras, o conteúdo bíblico-teológico que os Evangelhos oferecem no ciclo anual do Lecionário.

Estudando atentamente os dois quadros, pode-se colher, na experiência dos diferentes tempos litúrgicos, os elementos ou, em sentido figurado, os tijolinhos que vamos colocando na estrada de nossa vida, na configuração do discipulado cristão. É preciso entender que esse percurso pedagógico que a liturgia oferece ao cristão pode nutrir-se com sinais sensíveis, com a teologia expressa pelo próprio rito, com a Palavra proclamada no espaço celebrativo, com a música e, sobretudo, do corpo e do sangue oferecidos e repartidos na assembleia orante/celebrante.

O AL compreende dois tempos fortes: no primeiro, privilegiadamente, o Ciclo Pascal, que abrange a Quaresma e o Tempo Pascal, cujo centro neurálgico é o Tríduo Pascal, e a Oitava de Páscoa como seu prolongamento festivo; depois, no segundo, naturalmente o Ciclo do Natal, com sua preparação no Advento e o prolongamento até a festa do Batismo do Senhor. Esses tempos são vivenciados e completados no Tempo Comum. Vamos a explicá-los com alguns detalhes:

- O **Tempo da Quaresma** (7 semanas) prolonga-se desde a Quarta-feira de Cinzas até a Missa da Ceia do Senhor, exclusive a Quinta-feira Santa. É o tempo destinado a preparar vigorosamente a celebração da Páscoa. Tanto na liturgia como na catequese, deve-se esclarecer a dupla índole do Tempo Quaresmal: por uma parte, preparação para o Batismo-Crisma-Eucaristia dos catecúmenos (particularmente dos adultos iniciados na fé) e, por outra, tempo de penitência, purificação e conversão (cf. SC 109).

- O **Tríduo Pascal da Paixão e o Tempo Pascal** (até Pentecostes – 7 semanas) começa na Quinta-feira à noite com a Missa da Ceia (depois do pôr do sol) até a tarde do Domingo da Páscoa da Ressurreição com as Vésperas. A celebração da Páscoa continua ao longo dos 50 dias do Tempo Pascal, entre o Domingo da Ressurreição e o Domingo de Pentecostes. É o tempo da alegria e da exultação, como se fosse um só dia de festa, "um grande Domingo". Pois, os oito primeiros dias do tempo pascal, chamados da "Oitava da

Páscoa", são celebrados como *"uma única solenidade"* do Senhor ressuscitado.

♦ O **Tempo do Advento** (4 semanas) começa nas primeiras vésperas do Domingo que cai no dia 30 de novembro ou no Domingo que lhe fica mais próximo e vai até antes das primeiras vésperas do Natal do Senhor (24 de dezembro).

♦ O **Tempo do Natal** (3 semanas) tem início nas primeiras vésperas do Natal de Jesus e vai até a festa do seu Batismo. É a comemoração do nascimento do Senhor, para podermos entrar na misteriosa participação da divindade d'Aquele primoroso Menino-Deus que uniu ao Pai toda a humanidade.

♦ O **Tempo Comum** é tempo de caminhada para recolhermos os maravilhosos frutos que brotam do mistério pascal de Cristo. Período de 33 ou 34 domingos, dividido em *duas partes desiguais*: das Semanas que ocorrem depois do Batismo do Senhor até a Quarta-feira de Cinzas (6 a 10 semanas) e da segunda-feira depois de Pentecostes até o começo do Advento (22 a 26 semanas). A cada domingo bebemos profundamente deste mistério de Amor para amadurecermos no discipulado da experiência mistagógica da fé.

Nesta conjunção de elementos cristológicos e eclesiológicos, colocamos também as festas do Senhor, de Maria e dos santos e santas que acontecem dentro do Tempo Comum. De modo privilegiado contemplamos Maria como ícone da

Igreja: ela ocupa o primado na escuta da Palavra; única interlocutora de Deus na Encarnação do Filho de Deus, "bendita entre todas as mulheres" (Lucas 1,42), esplendoroso farol que ilumina o caminho sempre aberto em direção ao encontro com seu Filho Jesus.

Em Maria manifesta-se plenamente o que Deus reserva para a pessoa humana e resplandece de modo eminente o mistério de toda a existência cristã. Para nós, cristãos latino-americanos, ela nos trouxe o Evangelho de seu Filho querido, nas belíssimas devoções em que o povo a venera, tomando o rosto e a feição de todos os rostos sofridos das mulheres da América Latina. Sem dúvida, em todos os lugares e corações Maria cabe.

A respeito do "ciclo santoral" (hagiográfico), o AL é organizado com base nas celebrações que não estão ligadas aos ciclos por seu conteúdo, senão pelas memórias festivas dos santos e santas oficialmente canonizados. É claro que o critério de organização para essas festas também está centrado – e não pode ser outro – na celebração do mistério pascal de Cristo. Assim, os santos e santas tornam-se, para o povo cristão, testemunhas do Amor e do Projeto do Pai, que, em seu Filho Jesus Cristo, realizou em favor da humanidade[12].

---

12 Cf. Kleber RODRIGUES DA SILVA, *Ano Litúrgico: a santificação do tempo*, em CNBB, Liturgia em Mutirão II, 66-68.

ESTRUTURA GERAL DO ANO LITÚRGICO

Dinâmica dos Tempos Litúrgicos ao longo das semanas do ano[13]

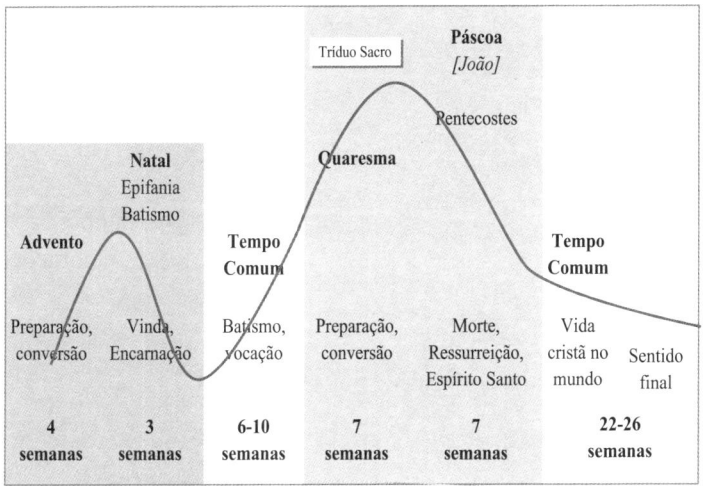

QUADRO 2

Ano A – Mateus: A Igreja, Povo de Deus Pai
Ano B – Marcos: Jesus Cristo, Messias e Filho de Deus
Ano C – Lucas: A vida cristã e o Espírito Santo

---

13 Para os quadros apresentados, nós nos inspiramos em Johan KONINGS, *Liturgia Dominical. Mistério de Cristo e formação dos fiéis*, Vozes, Petrópolis 2003, 24.

O Domingo, "a festa primordial":
Dia em que a comunidade celebra o memorial pascal de Jesus Cristo

O Domingo constitui a estrutura central, o coração palpitante de todo o AL; criação própria e específica da fé cristã. É o dia do Senhor; o dia em que a comunidade dos discípulos reunida celebra o que aconteceu no "primeiro dia da semana" (cf. Mateus 28,1; Marcos 16,2; Lucas 24,1.13; João 20,1.19); isto é, o memorial da ressurreição de Jesus Cristo. A Igreja o celebra cantando: *Este é o dia que o Senhor fez para nós, exaltemos e nele exultemos* (cf. Salmo 117[118],1-2.15b-17.22-23).

Com efeito, no tempo de Jesus, "o primeiro dia da semana", era o dia seguinte após o sábado. Jesus morreu no sexto dia (sexta-feira) e passou o sábado (sétimo e último dia) na sepultura. E foi precisamente na manhã, ou na madrugada do dia seguinte, o primeiro dia da semana, com a Sua Ressurreição, que se iniciou um novo dia de um novo tempo; no qual os discípulos e discípulas sentiram que tudo se renovou em Jesus. Aconteceu, na verdade, uma ruptura com a antiga páscoa para inaugurar uma nova Páscoa. A antiga (ou primeira) aliança é relida como nova aliança por meio da Páscoa de Jesus, o Cordeiro de Deus[14].

Jesus ressuscitado, a partir desse dia, venceu as amarras da morte e a Vida em plenitude foi sentida como mais forte do que a morte. Esse inédito evento ficou gravado profundamente no coração dos cristãos: com ele, lembram-se do início da criação, quando Deus criou o sol (cf. Gênesis 1,3-5). Agora o "novo Sol" desponta na pessoa do Crucificado/Ressuscitado, pois, no mesmo dia, o primeiro da semana, a humanidade, e nela especialmente os cristãos, começaram uma nova vida na vivificante Vida de Jesus (cf. Apocalipse 1,17b-18.21,13).

Por causa da impressionante vitória de Jesus sobre a morte, esse dia recebeu, pelas primeiras comunidades cristãs, um nome particular e inesquecível: chamaram-no "dia do Senhor" (cf. Apocalipse 1,10), em grego *Kyriake emera* = Κυριακή ήμέρα, em latim "*dies dominica*", em português, "Domingo"[15].

No AL, os dias da semana se contam a partir do Domingo, seu primeiro dia, para respeitar a indicação bíblica da ressurreição, ocorrida no "primeiro dia da semana", após o sábado (o *Shabat*) [cf. João 20,1; Lucas 24,13]. Sabemos que a semana judaica culminava no dia de descanso, o *Shabat*, dia fundamental

---

14 Cf. Lucia WEILER, *Palavra Vivida e Celebrada* – Palestra no Primeiro Congresso Brasileiro de Animação Bíblica da Pastoral (Goiânia - 08-11/10/2011).

15 No evoluir da vida das comunidades cristãs, a celebração da Páscoa do Senhor tomou vários nomes: o primeiro dia da semana, Oitavo dia, Domingo, dia da Ressurreição. Temos uma explicação mais detalhada em RYAN, *O Domingo*, 43-61. Vale a pena ler a Carta do Papa João Paulo II, *Dies Domini* - 31/05/1998.

da sua religiosidade[16]. Certamente, o Domingo carrega dentro de si a mística do *sábado judaico* (o *Shabat*), tempo de liberdade e de cidadania, dia de repouso e meditação; consagrado a Deus, não como obrigação (preceito), mas *como* direito e por prazer. Ele é o dia "essencial" dos cristãos; é o dia santificado e santificador que possui a força mística de levar as pessoas para além de si mesmas, por meio do descanso, da convivência fraterna, da meditação e da prática de gestos solidários; sobretudo, pela reunião da comunidade ao redor da Palavra e da Santa Ceia[17].

É claro então que a origem do AL está marcada pelo compasso da "páscoa semanal", e ao mesmo tempo, é seu critério de regulamentação. Eis por que todos os domingos do AL celebram o mistério de Cristo em sua plenitude. O conteúdo é dado pela riqueza das leituras bíblicas contidas nos lecionário*s*, distribuídas em três anos ou ciclos (A, B e C) na Eucaristia dominical.

---

16 O *Shabat (Sb)* é um dos grandes legados que o povo da Bíblia entregou para a humanidade como símbolo do repouso semanal, da liberdade e da dignidade humana. Para o povo judeu, ele tem um significado especial (*Isaías* 58,13-14). O *Sb* é a festa das festas do seu calendário; dá sentido e interpreta o tempo. Por isso, é o único dia da semana que tem nome próprio. Quando as Escrituras enumeram as convocações do povo, o *Sb* figura em primeiro lugar (cf. Êxodo 23,1-21; *Levítico* 23,3). Sua importância particular provém de que segundo a Torá, o primeiro a observá-lo foi o próprio Deus (Gênesis 2,2-3). *Sb* significa cessar, *interromper* as atividades habituais dos dias profanos (cf. Êxodo 31,17). Semanas após semanas, ao longo de toda a vida, o *Sb* antecipa o encontro ao qual todo ser humano está destinado. Ao celebrar o *Sb*, memorial da criação, o judeu celebra o mundo harmonioso, tal qual saiu das mãos de Deus, rendendo graças ao seu Criador. Deus criou o ser humano e lhe confiou a administração de toda criação. Durante seis dias homens e mulheres trabalham administrando, transformando e recriando todos os bens que lhes foram confiados. No sétimo dia, *Sb*, é o momento em que o ser humano devolve ao Criador tudo o que d'Ele recebeu e toma consciência de sua condição de criatura. Ele é também memorial da saída do Egito, evento histórico que funda o povo de Israel como um povo libertado da escravidão (Cf. Judite MAYER, *Ritos Diferentes. Shabat. A noiva de Israel*, em Revista de Liturgia 182, São Paulo, março-abril 2004, 12-14; Carmine DI SANTE, *Liturgia Judaica. Fontes, estrutura, orações e festas*, Paulus, São Paulo, 2004, 168-188).

17 Cf. Penha CARPANEDO, *Um tempo para celebrar*, em Revista de Liturgia 180, São Paulo, novembro-dezembro 2003, 5.

Para aprofundar melhor o precioso significado do domingo, vale a pena concluirmos esta explanação com as magníficas palavras que o Papa Bento XVI nos deixou em Aparecida:

> *O domingo significou, ao longo da vida da Igreja, o momento privilegiado do encontro das comunidades com o Senhor ressuscitado.*
>
> *É necessário que os cristãos experimentem que não seguem um personagem da história passada, senão o Cristo vivo, presente no hoje e no agora de suas vidas. Ele é o Vivente que caminha ao nosso lado, descobrindo-nos o sentido dos acontecimentos, da dor e da morte, da alegria e da festa, entrando em nossas casas e permanecendo nelas, alimentando-nos com o Pão que dá a vida. A Eucaristia deve ser o centro da vida cristã.*
>
> *O encontro com Cristo na Eucaristia suscita o compromisso da evangelização e o impulso à solidariedade; desperta no cristão o forte desejo de anunciar o Evangelho e testemunhá-lo na sociedade para que ela seja mais justa e humana. Da Eucaristia brotou ao longo dos séculos um imenso caudal de caridade, de participação nas dificuldades dos outros, de amor e de justiça. Só da Eucaristia brotará a civilização do amor, que transformará a América Latina e o Caribe para que, além de ser o continente da Esperança, seja também o continente do Amor!*[18]

---

18 BENTO XVI, *Discurso do 13/05/2007* – Sessão inaugural dos trabalhos da V Conferência Geral do Episcopado da América Latina e do Caribe (CELAM, *Documento de Aparecida*, Edições CNBB, 276).

O QUE SIGNIFICA ANO LITÚRGICO PARA NÓS; A QUE NOS SERVE (ESPIRITUALIDADE)

> *O Ano Litúrgico não tem outro objetivo senão levar os fiéis a participarem mais ardentemente pela fé, pela esperança e pela caridade, de todo o mistério de Cristo, desenvolvido no decurso de um ano (PAULO VI,* Mysterii paschalis *– 14/02/1969).*

O mistério pascal é a fonte de todo o processo santificador de toda realidade humana. Nele somos resgatados e inseridos no coração cósmico de Jesus Cristo, naquela porta estreita aberta no seu peito no altar da cruz para adentrar-nos confiantes ao eterno.

O tempo dos humanos está marcado por um tempo que independe da vontade humana. Percorremos um ciclo existencial inexorável e vamos "gastando a vida" no tempo vital de cada um. Mas, como cristãos, cientes de pertencer filialmente ao Pai em Cristo, confirmamos também nossa identidade religiosa. Para isso precisamos da Igreja na comunidade, para nela, agradecer ao Pai que em Cristo olha por nós ao longo da caminhada espaço/temporal; nela, celebrando o Senhor ao longo do AL, somos conduzidos pelo Ressuscitado. O AL, com seus tempos litúrgicos, transmite uma extensa carga de significados espirituais, a fim de percebermos que nossa história pessoal e comunitária é santificada pelo Senhor na força do Espírito.

O AL envolve e transmite perpetuamente o espírito de Jesus Cristo para que as pessoas cheguem a sua plena maturidade cristã (cf. Efésios 4,13-16). É ele que concilia seus ritmos e progressos com os da Igreja em todo tempo e lugar. É a observância do AL que serve de referência uma e outra vez, ao longo *dos nós* da existência, à história que nos informa e à que vamos dando cumprimento.

No fundo, todo cristão, na medida em que os anos passam, aprende a mergulhar sua vida no AL, caminhando em Cristo, e com Ele cresce na sabedoria e na santidade dos conselhos evangélicos. Para isso, entrará com coração aberto e esperançoso no desenrolar do AL, para deixar-se conduzir à vida cristã em plenitude; vida que implica crescimento humano, exercício da liberdade e maturidade espiritual. Quem acede com coração livre à proposta de vida em Cristo, aprende a relativizar a "infeliz" importância que o mundo consumista outorga a questões tão sutis e frívolas, como a de obter lucros sem limites a custo do menosprezo à dignidade humana, ou a de viver pendentes dos investimentos na bolsa de mercado ou até a de morrer pela sorte de seu time favorito; por fim, em ocupar-se de satisfazer todos os *eu* do seu egoísmo; para aprender a viver em Cristo, direcionando todo o seu olhar nobre e superior em todos os níveis da vida; aprenderá a olhar para aquilo que constitui seu ser irmão/discípulo do Senhor, isto é, a pautar a vida em Cristo, "Caminho, Verdade e Vida" (cf. João 14,5-6). O AL, por isso, é o percurso anual que coloca em sintonia, propositalmente, a vida do cristão com a vida de Jesus (cf. Salmo 118(119),33-40).

Aprender a viver o AL marca a diferença, que por momentos é palpável, entre o viver qualificado do cristão e o viver segundo "o espírito medíocre" do mundo não evangelizado. De fato, o cristão não calca sua vida na rotina dos anos que vivem as pessoas que aspiram o ar da indiferença religiosa, da mesmice rotineira e insípida dos "comprometidos com o nada" (cf. *DGAE 2011-2015*, 3c; *DAp* 12). Eis o bonito desafio que o cristão recebe da mãe Igreja: aprender a conhecer e viver o AL para deixar-se educar como filho e filha no discipulado do Senhor[19].

O AL, celebrado *na* e *como* Igreja, exige assumirmos o compromisso de formar e fazer parte dela. Ensina-nos, com magistral pedagogia, que cada um de nós entra no ritmo repetitivo – mas sempre novo – dos momentos que constituem a essência da fé. É sempre presença celebrativa e comemorativa do "Amor Essencial" que ajuda a criar raízes no coração de Cristo. Defronta-nos com a infindável "distância" entre a gloriosa vida de Cristo e aquela que descobrimos em nosso íntimo, misturada a conquistas e carências. Enfim, ele nos direciona a uma contínua reflexão pessoal e comunitária sobre o lugar que deve ocupar Jesus no exercício cotidiano de assumirmos, como "cristãos", toda a existência humana e planetária nele recriada.

---

19 Cf. CHITTISTER, *El año litúrgico*, 17-34.

Na verdade, o AL é Jesus *conosco* (para nós e em nós) quando nos esforçamos para fazer nossa a Sua Vida. Aparece na sua interna pedagogia catequética conduzindo o povo de Deus a um contínuo aprofundamento da fé. Neste sentido, o AL *constitui a primeira e mais ampla estrutura pastoral da Igreja* e o seu primeiro, básico e inadiável planejamento anual de atividades celebrativas, colocando no seu centro o seguimento de Jesus para o discipulado. A esse respeito, é interessante observar que toda a pastoral, hoje, está desafiada a fazer do presente um tempo messiânico (um *kairós*); o "ainda não" da esperança cristã precisa tocar o "já" do momento presente, na vida pessoal e social do cotidiano. A força do Reino de Deus, manifestada no decorrer do AL, só é salvação se for salvação para nós hoje, experimentada em vivências e celebrações concretas, mesmo em meio às vicissitudes da vida. São destes momentos que a esperança cristã se alimenta, pois a salvação é um fim que se dá no caminho[20].

Enfim, o AL não é simples calendário de dias e meses, não é um passar de um tempo a outro como se fossem as roupas que trocamos cotidianamente. Bem mais do que um calendário que coleciona festividades, é uma realidade sacramental, símbolo de Cristo que se faz, Ele mesmo, caminho de conversão. Cada celebração no tempo é portadora de um sentido que pede toda a atenção para oferecer-nos vida nova. Assim, dia após dia, ano após ano, vamos sendo atingidos/contagiados pelo mistério de Cristo, e pela graça do seu Espírito opera-se a nossa transformação. Se vivermos cada celebração com sinceridade

---

20 Cf. AA.VV., *Diventare cristiani* (org. Guido Benzi e Tarcisio Giungi), Elledici, Leumann (Turim) 2004, 96-97; BRIGHENTI, *A pastoral na vida da Igreja.*

e com coração discipular, receberemos do Pai luz e força para caminharmos rumo à nossa definitiva identificação com Cristo, sempre e eternamente Senhor Nosso.

Sem dúvida, o grande desafio sempre permanece: redescobrir a transformadora pedagogia do AL, para que os cristãos encontrem nela a primeira e mais fecunda fonte de espiritualidade, qual uma alavanca a impulsioná-los para crescerem como criaturas novas em Jesus Cristo.

ALGUMAS PROPOSTAS CATEQUÉTICAS PARA ENTRAR NO ESPÍRITO DO ANO LITÚRGICO

1. Trabalhar para conscientizar o povo cristão sobre a importância do Domingo, páscoa semanal da comunidade. Uma vez que na sociedade atual é difícil perceber o Domingo como "Dia do Senhor", devemos intensificar as exortações para "recolocar" o Domingo como "dia de descanso", de reunião dos irmãos e irmãs em Jesus Cristo. Assim, poderemos vencer "o vírus consumista" que infelizmente já contagiou também esse dia.

2. Ajudar, por isso, as pessoas a superar a gastança de tempo, esvaziado de todo sentido, esbanjado em lamentáveis ninharias, assistindo programas de televisão descaracterizados de toda forma construtiva; perceber criticamente a dinâmica impulsiva que embarca o povo naquele ritmo desenfreado que as leva a cuidar de tantas coisas, entre elas, as tarefas domésticas acumuladas para o fim de semana.

3. Reconstruir a consciência crítica sobre a importância de viver o tempo como "sagrado", que não se submete aos ditames da economia, respeitando o dia de descanso como espaço de proteção ao que há de mais sagrado: o direito de viver e de celebrar a vida em Cristo. Os judeus falam com reconhecimento sobre a ação protetora do sábado, dizendo: cuida do sábado que o sábado te cuidará. Nós podemos aplicá-lo ao domingo: preserva o Domingo, que o Domingo te preservará.

4. Destacar o sentido pascal do Domingo, com gestos e sinais visíveis, como a aspersão com água-benta no lugar do rito penitencial, ou acendendo o círio pascal, mesmo fora dos Domingos do tempo pascal (claro que menos nos Domingos do Advento e da Quaresma).

5. Realçar a expressiva importância de que se reveste a participação consciente e ativa na Vigília Pascal "a mãe de todas as santas vigílias"[21]. A comunidade descobrirá, cada vez com força maior, a Vigília como início do Domingo Pascal, que expressa e intensifica a espera pela vinda do Reino.

6. Destacar com força a beleza mistagógica do Tríduo Pascal, que culmina na Vigília Pascal do Sábado Santo, com todo o significado que o povo fiel lhe atribui. Podemos preparar alguns momentos de oração à espera da vigília, por exemplo, com a leitura orante de textos adequados ao tempo celebrado, mantras, breves momentos de oração e interiorização etc.

---

21 Assim a chamou Santo Agostinho (*Sermão* 219).

7. Desenvolver criativamente os tempos do Advento e da Quaresma, celebrando-os como se fossem ótimas oportunidades para retomar e aprofundar a escolha fundamental de Jesus e do seu Evangelho. Preparar momentos de intensa oração, introduzindo o costume de orar com o *Ofício das Comunidades*[22].

8. Valorizar as riquezas do Tempo Comum, que nos convida a usufruir da graça pascal do Batismo, crescendo na consciência do discipulado missionário; a descobrir o quanto é sedutor o seguimento de Cristo em seu itinerário missionário, pautado pelos relatos evangélicos e pela ação eucarística, moldurada na fraternidade, nos acontecimentos significativos da caminhada comunitária e no diálogo com a vida aberto a um novo olhar ecológico.

---

22 *Ofício Divino das Comunidades,* Paulus, São Paulo 1994.

BIBLIOGRAFIA DE REFERÊNCIA

Documentos da CNBB e outros

BENTO XVI, *Verbum Domini* (Exortação Apostólica Pós-Sinodal), Paulinas, São Paulo 2010.

CELAM, *Manual de Liturgia I. A celebração do mistério Pascal* (Rubén LEIKMAN, Quando celebramos?), Paulus, São Paulo 2004.

CNBB, *Diretório da Liturgia e da organização da Igreja no Brasil* – 2011 – Ano A – São Mateus, Edições CNBB, Brasília 2011.

_____, *Liturgia em Mutirão. Subsídios para a formação*, Edições CNBB, Brasília 2007.

_____, *Liturgia em Mutirão II. Subsídios para a formação*, Edições CNBB, Brasília 2009.

_____, *Roteiros Homiléticos* – Projeto Nacional de Evangelização – O Brasil na Missão Continental (publicação do Tempo Litúrgico de cada Ciclo de Leituras), Edições CNBB, Brasília.

_____, *A Sagrada Liturgia 40 anos depois* [Estudos 87], Paulus, São Paulo 2003.

_____, *Manual de Liturgia IV. A celebração do mistério Pascal* (Guillermo ROSAS, A celebração do mistério de Cristo no ano Litúrgico), Paulus, São Paulo 2007.

JOÃO PAULO II, *Dies Domini* – Carta sobre o Dia do Senhor – 31/05/1998.

MISSAL ROMANO, Paulus, São Paulo 1992.

Dicionários

L. MONLOUBOU, F.M. Du BUIT, *Dicionário Bíblico Universal*, Aparecida – Vozes, Petrópolis 1997.

VV.AA., *Dicionário Cultural da Bíblia*, Loyola, São Paulo 1998.

VV.AA., *Dicionário de Catequética*, Paulus, São Paulo 2004.

VV.AA., *Dicionário de Conceitos Fundamentais de Teologia*, Paulus, São Paulo 1993.

VV.AA., *Dicionário de Liturgia*, Paulinas, São Paulo 1992.

Livros e artigos sobre o tema

A. BERGAMINI, *Cristo festa da Igreja. História, teologia, espiritualidade e pastoral do ano litúrgico*, Paulinas, São Paulo 1994.

A.S. BOGAZ, I. SIGNORINI, *A Celebração litúrgica e seus dramas*. Um breve ensaio de pastoral litúrgica, Paulus, São Paulo 2003.

F. TABORDA, "Esperando a sua vinda gloriosa..." Eucaristia, tempo e eternidade, in Itaici – Revista de Espiritualidade Inaciana 61, Indaiatuba [SP], setembro 2005.

_____, *Da Liturgia à Catequese*. Por uma catequese mistagógica dos Sacramentos, in Revista de Liturgia 192, São Paulo, novembro-dezembro 2005, p. 4-7.

G.D. MICHELETTI, *Catequese litúrgica: a missa explicada*, Ave-Maria, São Paulo 2009.

G. LUTZ, *Vamos celebrar*, Paulus, São Paulo 2003.

_____, *O que é liturgia?*, Paulus, São Paulo 2003.

I. BUYST, *Participação do povo na Liturgia Eucarística*, in Revista de Liturgia 153, São Paulo, Maio/Junho 1999.

_____, *Celebração do Domingo ao redor da Palavra de Deus*, Paulinas, São Paulo 2002.

_____, *A Palavra de Deus na liturgia*, Paulinas, São Paulo 2002.

_____, *Liturgia, de coração. Espiritualidade da celebração*, Paulus, São Paulo 2003.

_____, *A Missa. Memória de Jesus no coração da vida*, Paulinas, São Paulo 2004.

J.A. DA SILVA, *O Mistério celebrado: Memória e Compromisso I* (Coleção Livros Básicos de Teologia 9), Paulinas – Siquem, São Paulo 2003.

J. ALDAZÁBAL (comentários), *A Mesa da Palavra I. Elenco das Leituras da Missa*, Paulinas, São Paulo 2007.

J. CASTELLANO, *Liturgia e vida espiritual. Teologia, celebração, experiência*, Paulinas, São Paulo 2008.

J. CHITTISTER, *El Año Litúrgico. La interminable aventura de La vida espiritual*, Sal Terrae, Santander 2010.

J.J. FLORES, *Introdução à Teologia Litúrgica*, Paulinas, São Paulo 2006.

J. KONINGS, *Liturgia dominical. Mistério de Cristo e formação dos fiéis*, Vozes, Petrópolis 2003.

L.E. BARONTO, *Preparando passo a passo a celebração*. Um método para as equipes de celebração das comunidades, Paulus, São Paulo 1997.

M. AUGÉ, Liturgia: história, celebração, teologia e espiritualidade, Ave-Maria, São Paulo 2009.

P. CARPANEDO, *Um tempo para celebrar*. O Ano Litúrgico na *Sacrosanctum Concilium* (SC), in Revista de Liturgia 180, São Paulo, novembro-dezembro 2003.

P. FARNES, *A Mesa da Palavra II. Leitura da Bíblia no ano litúrgico*, Paulinas, São Paulo 2007.

R.E. BROWN, *Cristo en los evangelios del año litúrgico*, Sal Terrae, Santander 2010.

V. RYAN, *O Domingo. História, espiritualidade, celebração*, Paulus, São Paulo 1997.

V.S. COSTA, *Viver a ritualidade litúrgica como momento histórico da salvação*. Participação litúrgica a *Sacrosanctum Concilium*, Paulinas, São Paulo 2005.

_____, *Noções teológicas de liturgia*, Ave-Maria 2012.

VV.AA., *As Introduções Gerais dos Livros Litúrgicos*, Paulus, São Paulo 2003.